Ingo Siegner

Der kleine Drache Kokosnuss

Meine Zeichenschule

cbj

Inhalt

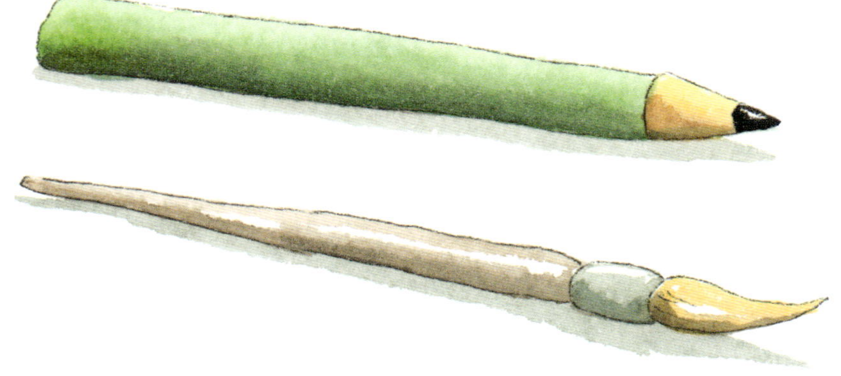

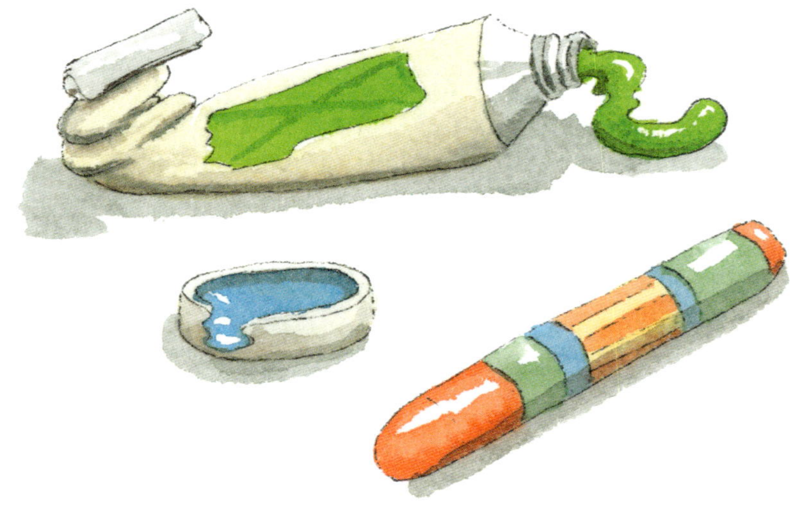

Hallo Leute,

wir sind es! Deine Freunde Kokosnuss, Matilda und Oskar!
Malst du auch so gern wie wir? Wenn wir nicht gerade ein Abenteuer erleben, am Strand spielen oder an unserem Baumhaus bauen, zeichnen, malen und basteln wir um die Wette. Das macht uns riesigen Spaß!
Heute wollen wir dir zeigen, wie du uns – deine Freunde – mit Bleistift zeichnen und mit Farben malen kannst. Mit ein paar Tipps und Tricks, die du von uns bekommst, ist das gar nicht schwer – und schwuppdiwupp, kannst du uns und alle deine Lieblingsdrachen malen!
Im ersten Teil dieser Zeichenschule erfährst du, wie du uns mit Umrisslinien zeichnest. Im zweiten Teil erklären wir dir ein paar Maltechniken, mit denen du die Umrisslinien farbig ausmalst, wenn du das möchtest. Deine Zeichnungen wirken dann gleich viel lebendiger – und natürlich bunter! Im dritten Teil schlagen wir dir ein paar lustige Bastelideen vor. Dafür kannst du dein neues Mal-Können gleich anwenden.

Und jetzt geht's los! Viel Spaß!

Kokosnuss Oskar Matilda

ZEICHNEN

Am Anfang eines jeden Bildes steht die Idee. Was möchtest du zeichnen? Wenn du zum Beispiel einen Drachen zeichnen willst, ist das dein Motiv. Dann überlegst du, wie genau dein Drache aussehen soll: Ist es ein Feuerdrache oder ein Fressdrache? Was macht er gerade? Liegt dein Feuerdrache auf dem Boden, fliegt er oder speit er Feuer? Wie sieht dabei sein Gesicht aus? Muss er sich anstrengen? Lacht er oder ist er erstaunt? Wenn du dir all diese Fragen beantwortet hast, zeichnest du mit wenigen Strichen und Hilfslinien die Umrisse deines Motivs – also von deinem Drachen.

Nimm für deine Zeichnung einen weichen Bleistift (auf dem Bleistift sollte 2B stehen), denn der lässt sich mit einem guten Radiergummi leicht wegradieren, wenn du mal mit deiner Zeichnung nicht zufrieden bist. Auch die Hilfslinien lassen sich hinterher gut wegradieren, wenn du sie mit Bleistift zeichnest. Achte darauf, dass dein Bleistift immer angespitzt ist, sonst werden die Linien ungenau. Mit farbigen Linien zeigen wir dir die verschiedenen Schritte, wie die Zeichnungen entstehen. Du kannst bei deinem Bleistift bleiben.

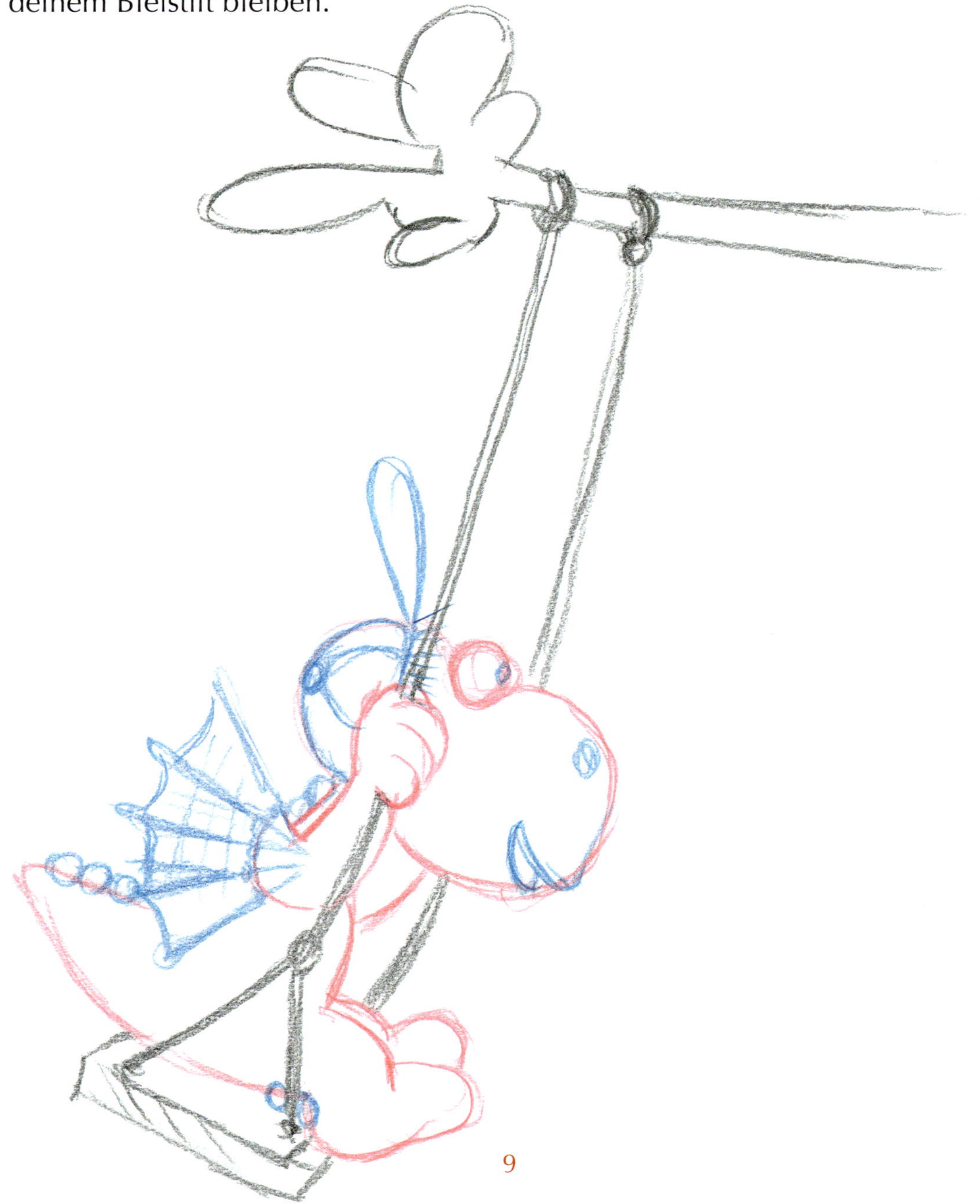

Wenn du es schwierig findest, etwas einfach so auf ein Blatt Papier zu zeichnen, könntest du einen Profi-Trick anwenden: Du zeichnest mit lockeren Strichen einen Drachen auf ein Blatt. Es ist egal, wenn noch nicht alles perfekt ist.
Dann hängst du dieses Blatt (Skizze) mit einem Klebestreifen an eine Fensterscheibe. Wenn du nun ein neues Blatt über dein Skizzenblatt klebst, zeichnest du nur die Linien sauber nach, die du gut und gelungen findest und für deine Reinzeichnung übernehmen willst. Man nennt das Abpausen.

Zum Zeichnen brauchst du natürlich Papier. Es gibt ganz unterschiedliche Papiersorten. Je gröber die Struktur des Papiers ist, desto mehr Farbe reibt sich von deinem Stift ab, wenn du damit darüber fährst.
Auf ganz glattem, glänzendem Papier lässt sich überhaupt nichts zeichnen, weil das Papier den Bleistift gar nicht annimmt.
Am besten benutzt du ein weißes oder helles Blatt Papier aus deinem Zeichenblock. Dieses Papier ist nicht zu glatt und nicht zu grob und außerdem fest genug, um darauf radieren und hinterher mit Farben malen zu können. Ist das Papier zu dünn, reißt es schnell beim Radieren oder bekommt Knicke, oder wellt sich, wenn es feucht wird.

Keine Angst vorm weißen Blatt

Wie vor einer Turnstunde ist es auch beim Zeichnen gut, wenn du mit ein paar kleinen „Aufwärmübungen“ beginnst. Nimm dafür ein großes Blatt Papier und deinen Bleistift und zeichne einfach drauflos: Kringel und Kreise … Schlangenlinien … kleine und große Schleifen … Zickzacklinien … Zeichne, was dir gerade einfällt. Hier gibt es kein falsch oder richtig – alles ist super! Kritzele einfach dein ganzes Blatt voll! Warum? Ganz einfach: Das macht deine Hand locker und geschmeidig, und du bekommst ein gutes Gefühl für deinen Stift.

Es gibt nur eine Sache, die du vermeiden solltest: den Stift zu fest zu halten und zu verkrampfen. Dann drückst du den Stift automatisch zu fest aufs Papier auf – vielleicht so fest, dass die Stiftspitze abbricht oder das Papier Löcher bekommt oder zerreißt.

Probiere mal aus, wie locker du den Stift eigentlich halten und dabei herumkritzeln kannst, ohne dass er dir aus den Fingern fällt. Ist das nicht erstaunlich?

Kritzele grooooße Formen … und dann ganz kleine … und bleibe dabei immer locker. Merkst du, wie dich diese Übung entspannt und wie viel Spaß sie macht?

Nach diesen kleinen Aufwärmübungen kann's losgehen. Und keine Angst vorm weißen Blatt! Vergiss nicht: Eines hast du schon komplett vollgemalt!

Los geht's! So zeichnest du den kleinen Drachen Kokosnuss!

Schau dir den kleinen Drachen Kokosnuss genau an: Er hat einen großen Kopf mit runden Kulleraugen, eine riesige Nase, einen etwas kleineren, länglichen Körper – und natürlich Arme, Beine und einen Schwanz. Beachte auch, was er für schöne Flügel hat, und die zwei Reihen abgerundeter Drachenzacken auf dem Rücken.
Wenn du den kleinen Feuerdrachen gezeichnet hast, kommen zum Schluss die Kleinigkeiten hinzu, die ihn zu Kokosnuss machen: seine lustige Kappe, unter der seine Haare hervorschauen.
Folge den Schritten A bis E – und schon steht der Feuerdrache Kokosnuss vor dir auf dem Papier!

Zuerst zeichnest du eine waagrechte Linie. Das ist die Grundlinie beziehungsweise der „Fußboden", auf dem Kokosnuss steht. Die senkrechte Linie hilft dir, die Figurenteile so anzuordnen, dass Kokosnuss später in keine Richtung kippt. Wenn er steht, sollte sein Schwerpunkt über den Füßen liegen (orangefarbene Linie). Der Körper von Kokosnuss ist ein fast senkrecht stehendes längliches Ei. Der Kopf besteht aus zwei Kreisen, einem kleineren und einem etwas größeren Kreis (Nase). Beide Kreise sind zusammen etwa so groß wie der Körper. Die Spitze des „Körper-Eis" zeigt ungefähr in die Mitte zwischen die beiden „Kopf-Kreise". Die schräge Hilfslinie zeigt, wie die beiden „Kopf-Kreise" angeordnet sein müssen, damit Kokosnuss noch über seine Nase schauen kann. Oben zwischen den „Kopf-Kreisen" liegt noch ein kleiner Kreis. Das ist das Auge des Feuerdrachen.

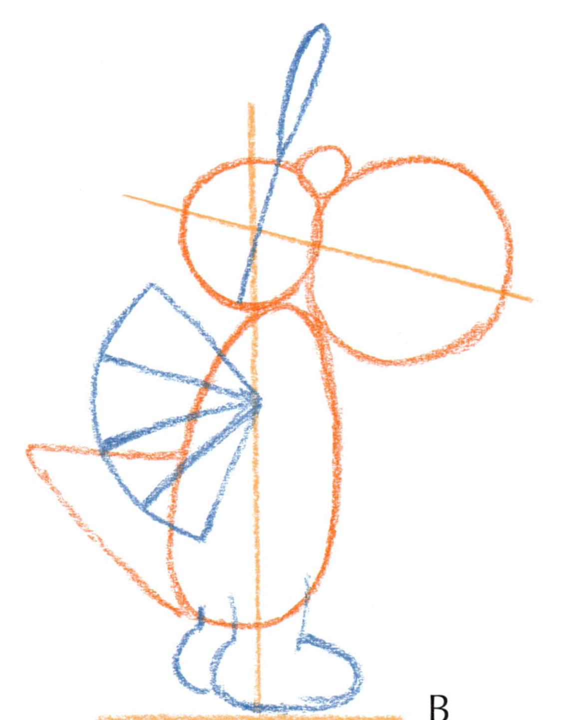

Als Gegengewicht zu Kokosnuss' großer Nase braucht der Feuerdrache einen Drachenschwanz. Er besteht aus einem Dreieck (rote Linien), das hinten an das „Körper-Ei" gezeichnet wird. Damit Kokosnuss stehen kann, braucht er jetzt nur noch Beine. Die Flügel (blaue Linien) bestehen aus fünf „Knochen", die alle aus einem Punkt entspringen und der später vom Arm verdeckt wird. Zwischen den Knochen spannt sich die Flughaut.

Die Kappe von Kokosnuss bedeckt die hintere Hälfte der „Kopf-Kugel“. Die Kappe wird noch durch den Schirm, der nach oben steht, ergänzt (blaue Linie).

Jetzt zeichnen wir Details wie die Arme, die Drachenzacken, die Nasenlöcher, den Mund und die Pupille. Je nachdem, wo die Pupille im Auge sitzt, zeigt sie, in welche Richtung Kokosnuss schaut (grün). Sitzt die Pupille in der Mitte, schaut Kokosnuss geradeaus. Sitzt die Pupille oben, schaut Kokosnuss nach oben …

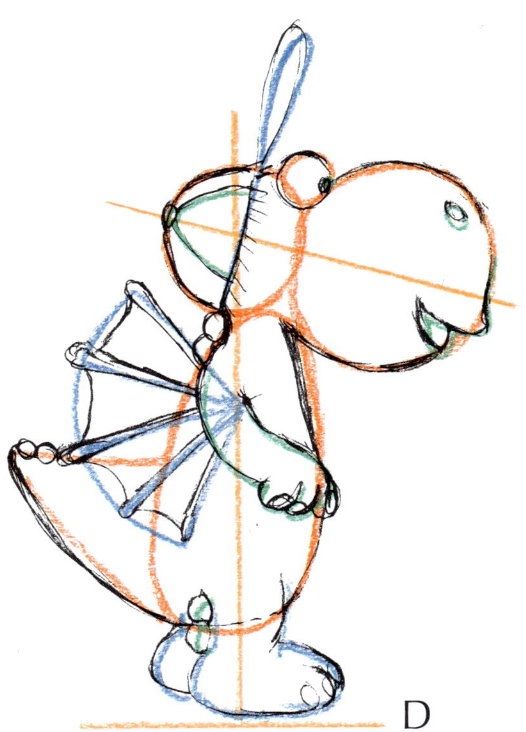

Nun werden die Formen und Details mit Bleistift herausgearbeitet.

Wenn du mit deiner Zeichnung zufrieden bist, kannst du sie mithilfe des Fensterscheiben-Tricks auf ein sauberes Blatt übertragen.

Hüpf und hui – der kleine Drache Kokosnuss in Bewegung!

Hast du dir schon mal überlegt, wie du den kleinen Drachen Kokosnuss in Bewegung zeichnen kannst und er dabei ganz lebendig wirkt? Ist dir schon aufgefallen, dass deine Arme beim Gehen nur leicht vor- und zurückschwingen, beim Laufen aber ganz weit? Und was passiert beim Hüpfen? Lass doch deine Geschwister oder Eltern einmal laufen oder hüpfen. Und schau genau hin! Aber wie wird das nun gezeichnet? Das wirst du gleich erfahren!

Wie du Kopf und Körper von Kokosnuss zeichnest, weißt du schon. Jetzt sind nur wenige Veränderungen an deiner Zeichnung nötig, sodass Kokosnuss nicht mehr steht, sondern läuft! Oder dass er nicht mehr liegt, sondern fliegt!

Folge den Schritten A bis E, und du wirst staunen, wie leicht sich Bewegungen in deiner Zeichnung darstellen lassen!

Der hüpfende Kokosnuss

Das Wichtigste beim Hüpfen: Die Füße sind in der Luft. Der Kopf und die Arme schwingen ebenfalls nach oben und machen so die Bewegung mit. Wenn sich der Schirm der Kokosnuss-Kappe ebenfalls bewegt, hat die Sache noch mehr Schwung.

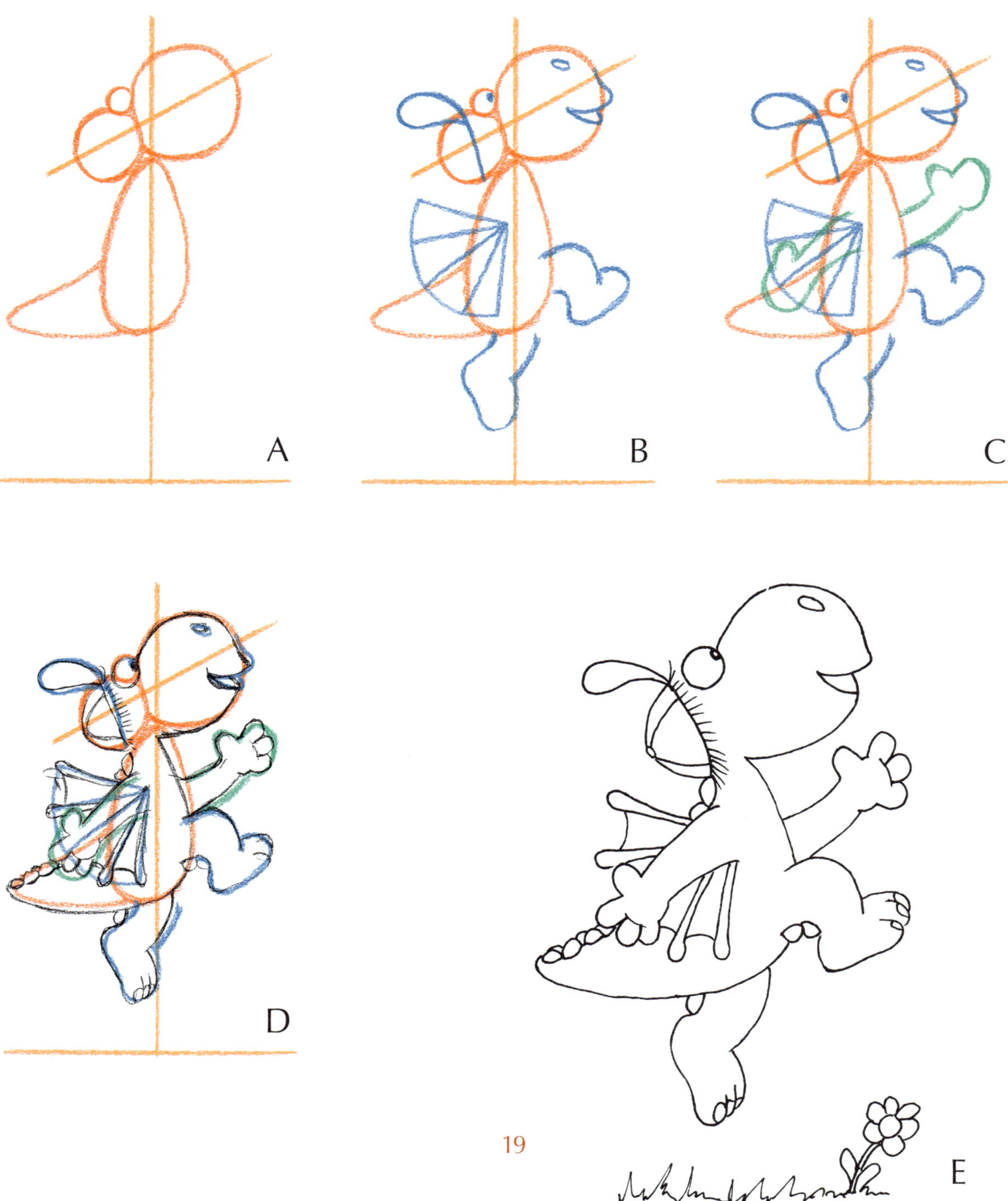

Der rennende Kokosnuss

Beim Rennen geht es wieder um das Gleichgewicht. Wenn die Beine losrennen, muss man aufpassen, dass der Körper nicht nach hinten auf den Popo fällt. Das kann man verhindern, indem man sich nach vorne beugt. Der Schwerpunkt wird nach vorne verlagert. Deswegen muss sich der Körper auch in der Zeichnung nach vorne beugen.

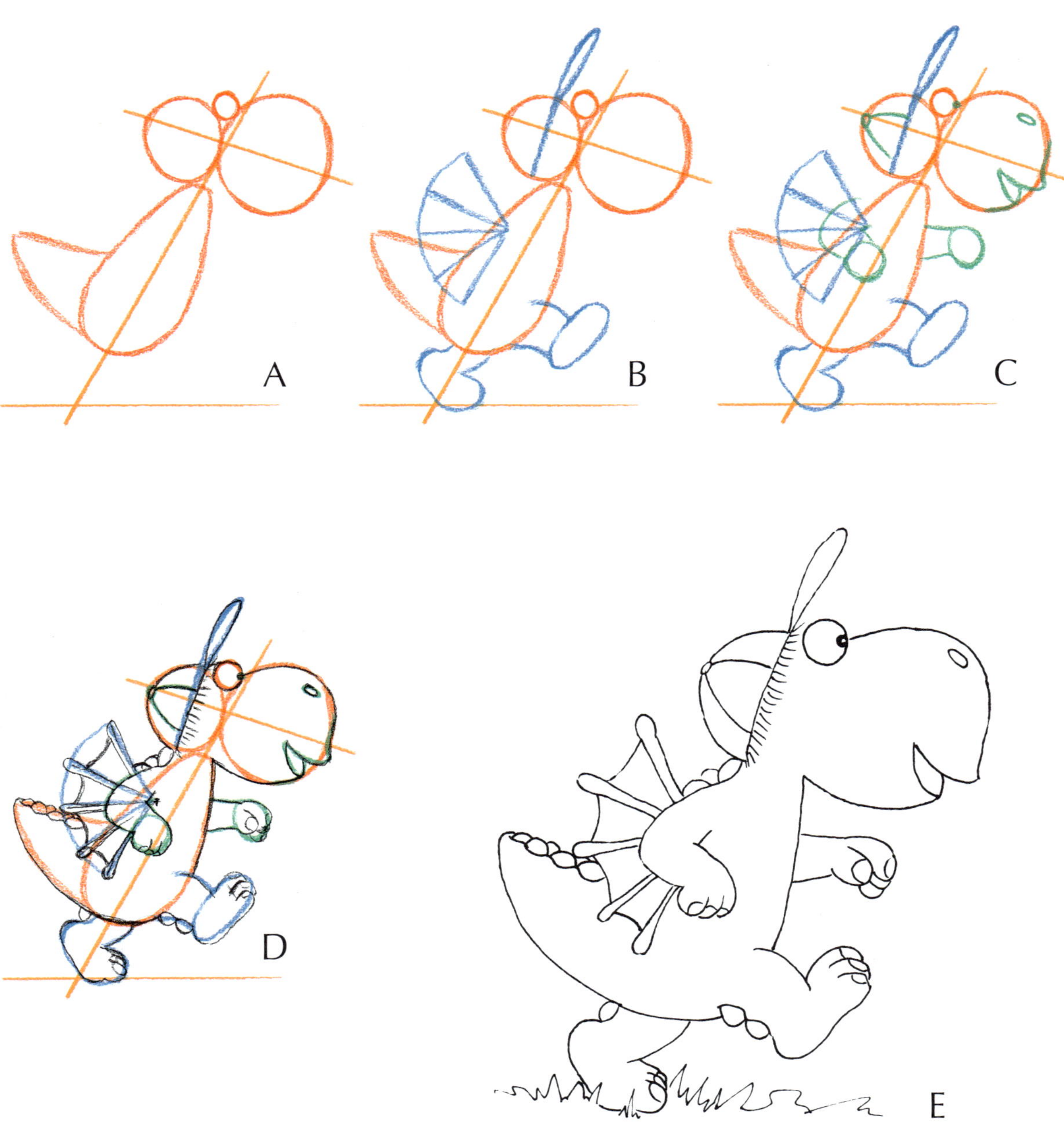

Der fliegende Kokosnuss

Wie Kokosnuss fliegt … das können dir deine Freunde nicht vormachen. Aber du kannst es zeichnen!

Die Füße sind natürlich schon nicht mehr auf dem Boden. Der Körper liegt fast waagerecht in der Luft (wenn Kokosnuss geradeaus fliegen möchte). Und wenn er schon fliegt, kann er ja auch gleich noch Feuer speien.

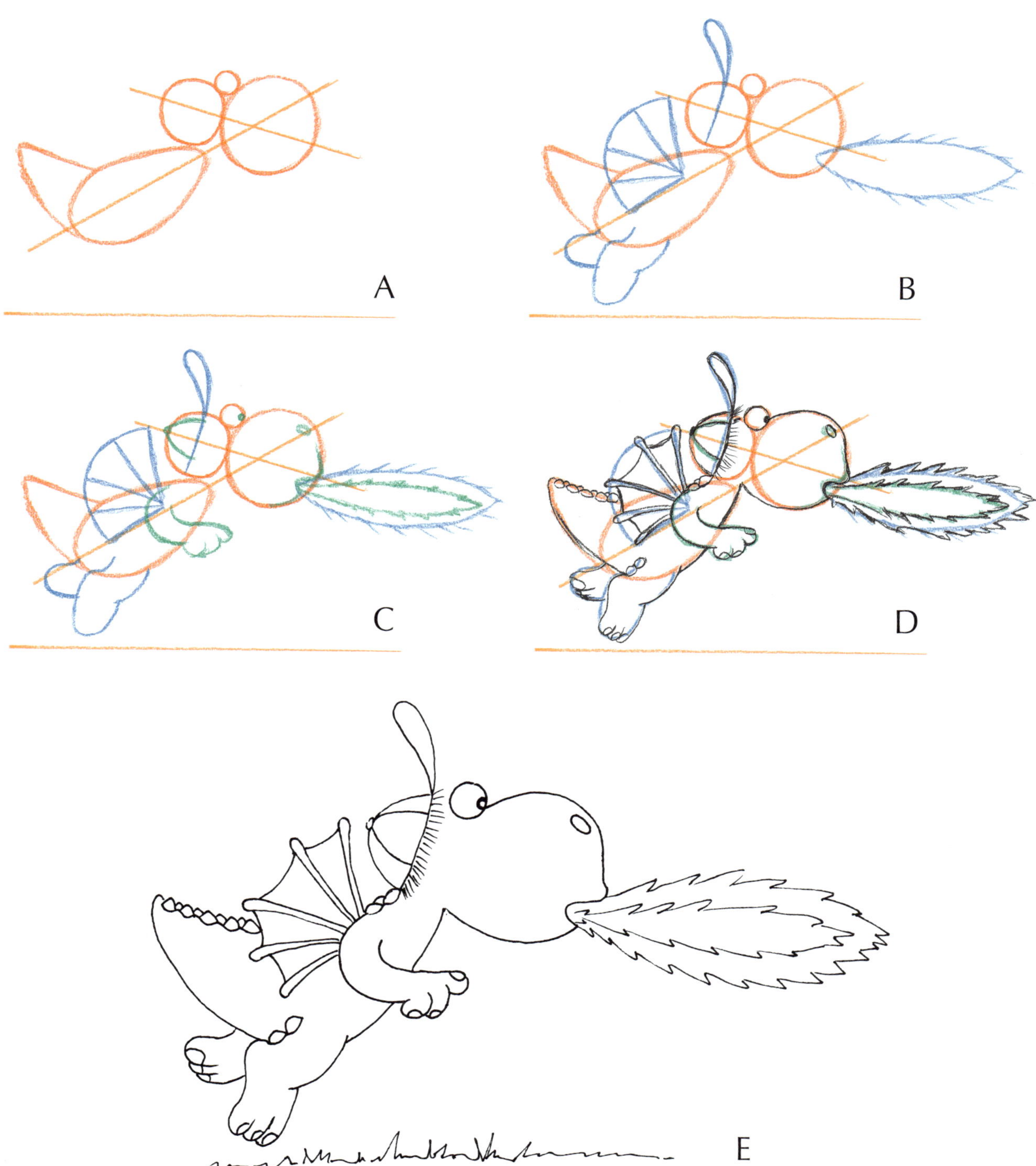

So zeichnest du Mama Mette und Papa Magnus

Wenn du erst einmal den kleinen Feuerdrachen Kokosnuss mit Umrisslinien gezeichnet hast, kannst du daraus ganz einfach weitere Feuerdrachen entwickeln.
Für Kokosnuss' Mama Mette und seinen Vater Magnus übernimmst du die Grundformen eines Feuerdrachen – schließlich gehören sie ja zu einer Familie und sehen sich sehr ähnlich. Natürlich sind Mama und Papa größer als Kokosnuss und sehen „erwachsen“ aus: Ihre Köpfe sind im Verhältnis zu ihren Körpern etwas kleiner, anders als bei Kokosnuss. Das ist bei Menschen übrigens auch so. Kleine Kinder haben größere Köpfe im Verhältnis zu ihren Körpern. Wenn Menschen wachsen, verändert sich dieses Verhältnis.

Die Feuerdrachen-Grundformen von Kopf und Körper, Armen, Beinen und Schwanz kannst du übernehmen – schon ist der erwachsene Feuerdrache fertig! Die Flügel der erwachsenen Feuerdrachen haben eine etwas andere Form und hängen ein wenig nach unten.

Und dann sind es wieder die Kleinigkeiten, die aus Magnus Magnus und aus Mette Mette machen! Magnus trägt eine (blaue) Schirmmütze auf dem Kopf, und Mette hat schöne lange Wimpern und eine Halskette.

Und so geht es Schritt für Schritt:

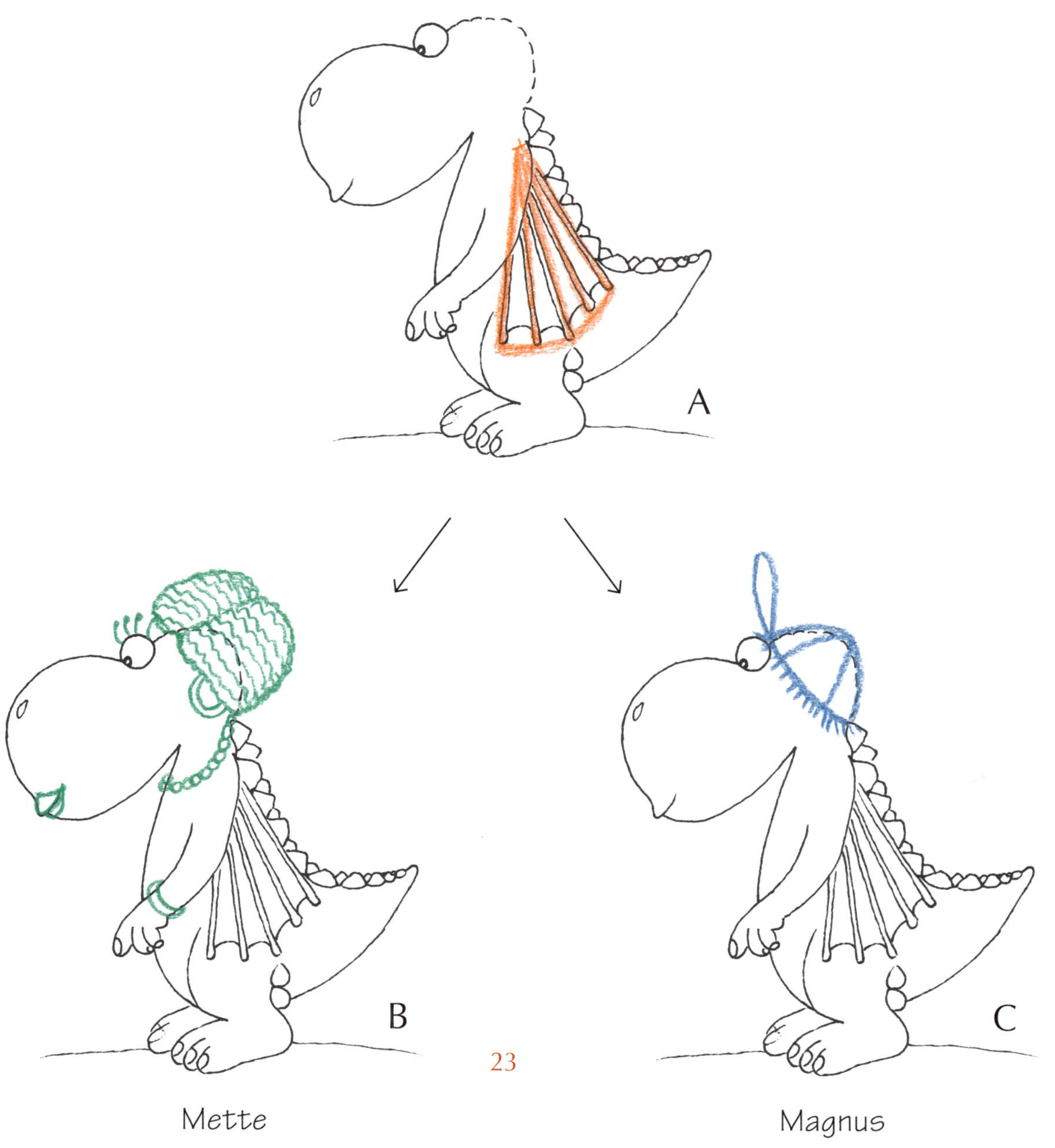

Oskar, der kleine Fressdrache

Oskar ist ein Fressdrache, der natürlich anders aussieht als die Feuerdrachen, zu denen Kokosnuss gehört. Wie bei allen Drachenkindern ist sein Kopf im Verhältnis etwas größer als der Körper. Seine Schnauze ist anders geformt – und sein Fressdrachengebiss ist voller spitzer Zähne! Oskar hat kleine Ohren und auf dem Kopf ein Büschel abstehender Haare. Entlang seiner Wirbelsäule verlaufen auf dem Rücken zwei Reihen dreieckiger, aufrecht stehender Drachenzacken bis zur Schwanzspitze.

Und so zeichnest du Schritt für Schritt den Fressdrachen Oskar. Das läuft ganz ähnlich wie bei Kokosnuss. Für Oskar brauchst du jedoch zwei etwa gleich große „Eier" für Körper und Kopf. Das „Körper-Ei" ist leicht nach vorn geneigt. Zeichne nun einen kleinen Kreis fürs Auge und ein Dreieck für den Schwanz. Der Mund und die spitzen Zähne werden in die untere Hälfte des „Kopf-Eis" gemalt. Dann fehlen noch ein Ohr, ein Nasenloch, die Pupille, ein Arm, eine Hand mit Krallen, drei Drachenzacken hinten am Bein und zwei Reihen Drachenzacken am Rücken. Den Oskar-Haarbüschel darfst du auch nicht vergessen. Und wenn du mit deiner Zeichnung zufrieden bist, kannst du den „Fensterscheiben-Trick" wieder anwenden. Fertig!

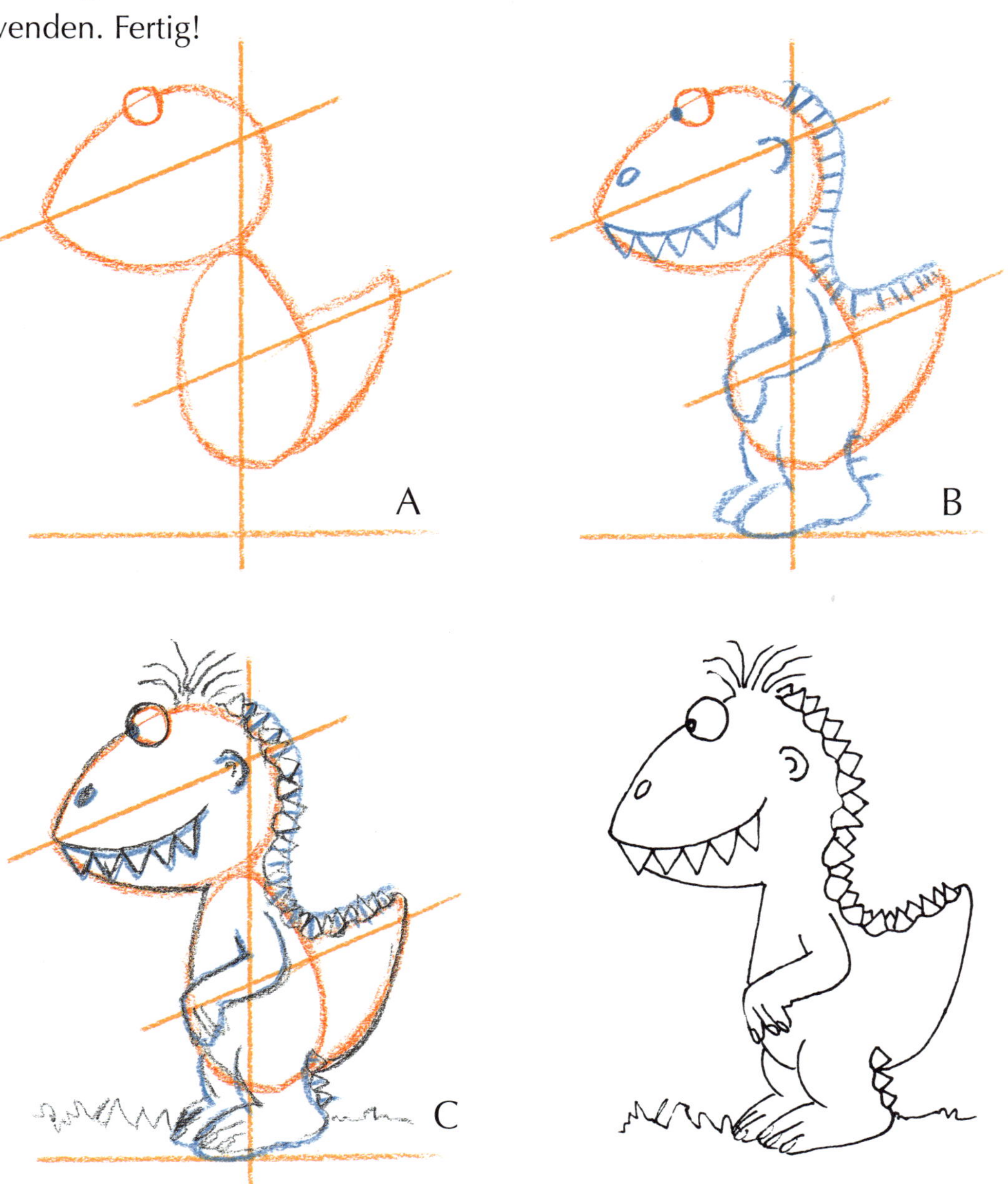

Oskars Eltern, die Fressdrachen Herbert und Adele

Jetzt musst du mutig sein, denn erwachsene Fressdrachen sehen ziemlich gefährlich aus! Oskars Papa ist manchmal schlecht gelaunt und etwas unberechenbar – besonders wenn er Hunger hat und kein Ochsenbraten in der Nähe ist. Aber Oskars Mama ist genauso nett und freundlich wie ihr Sohn. Auch Herbert und Adele sieht man an, dass sie mit Oskar eng verwandt sind. Doch wie bei allen erwachsenen Drachen sind auch ihre Köpfe im Verhältnis nicht so groß.

Da du schon weißt, wie du Oskar zeichnest, ist es nun gar nicht schwer, seine Eltern zu skizzieren. Aber wieder kommt es auf die Kleinigkeiten an! Herberts Zähne sind riesengroß und spitz. Die braucht er für die zahlreichen Ochsenbraten, die er zu sich nimmt! Auch seine Krallen an den Fingern und Zehen sind lang und spitz. Seine roten Wuschelhaare versucht er in einen ordentlichen Seitenscheitel zu kämmen. Adele trägt eine flotte Kurzhaarfrisur und meist eine Kette um den Hals.

Matilda, das kleine Stachelschweinmädchen

Klar, Matilda ist kein Drache, sondern ein Stachelschwein. Das weiß ja jeder! Aber viele Tricks für das Zeichnen eines Körpers, die du schon bei Kokosnuss und Oskar gelernt hast, klappen natürlich auch bei Matilda. Allerdings gibt es bei ihr ein paar Besonderheiten, die sie erst zu dem typischen Stachelschweinmädchen machen, das alle so mögen: ihr Schnäuzchen, die Augen, ihr kuscheliges Bauchfell und ihre spitzen Rückenstacheln, mit denen sie so kräftig rascheln kann, dass sie alle Feinde in die Flucht schlägt.

Und so zeichnest du das Stachelschwein Matilda: Ihr Körper besteht aus zwei „Eiern“. Ein Ei steht, mit dem dicken Ende nach unten, senkrecht. Das andere Ei liegt fast waagerecht obendrauf. Nun die Stacheln: Sie bedecken fast die ganze hintere Hälfte des „Kopf-Eis“ und den ganzen Rücken. Sie reichen fast bis auf den Boden. Male die Stacheln mit langen kräftigen Strichen. Und jetzt die Augen, Nasenknubbel, Arme und Beine nicht vergessen …

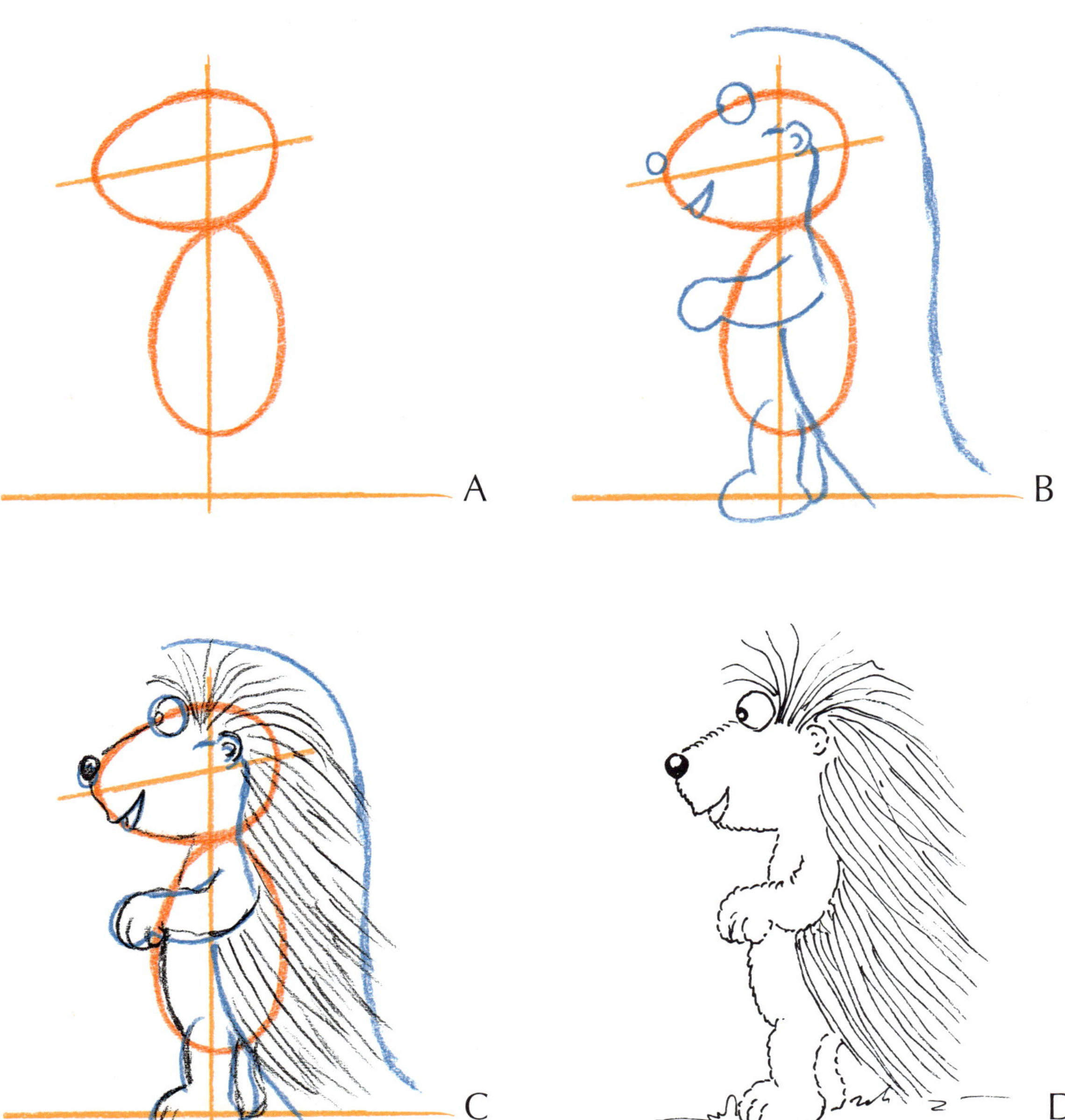

Weich und hart, glänzend und matt – so zeichnest du Strukturen

Beim Zeichnen von Matilda ist dir wahrscheinlich aufgefallen, dass sie keine Drachenhaut hat, sondern Fell und Stacheln. Und schon in der Zeichnung kannst du zeigen, welche Struktur eine Oberfläche hat.
Was ist eine Struktur? Damit bezeichnet man die Beschaffenheit einer Oberfläche, wie sie aussieht und sie sich anfühlt, wenn man darüberstreicht. Fahre doch einmal mit den Fingern über Stoff, Holz, Stein … Jedes Material fühlt sich anders an, und es sieht auch anders aus: Poliertes Holz fühlt sich glatt an und glänzt. Seide oder ein Baumwollstoff sehen unterschiedlich aus und fühlen sich auch anders an. Und das willst du ja auch in deiner Zeichnung zeigen.

Matildas Bauchfell ist weich und flauschig. Ihre Rückenstacheln sind hart und spitz. Aber wie kannst du das in deiner Zeichnung zeigen? Ganz einfach! Matildas Bauchfell wirkt puschelig, wenn du wenige, leichte, kurze Linien zeichnest. Sie können in alle Richtungen abstehen und etwas geschwungen sein. Halte den Bleistift schön locker, so wirkt auch das Fell locker und flauschig.

Matildas Rückenstacheln sind so hart, dass sie rasseln, wenn sie sie schüttelt! Zeichne lange, kräftige Linien, die in eine Richtung weisen. Sie sollen dicht, dick und kräftig aussehen – wie richtige Stacheln eben! Dafür kannst du den Bleistift auch mal fester aufdrücken.

Der Matilda-Umriss entsteht durch kurze Fell- und lange Stachelstriche.
Im Gegensatz zu Kokosnuss und Oskar hat Matilda am Bauch Fell und am Rücken Stacheln. Am Rücken gibt es keine geschlossenen Umrisslinien.

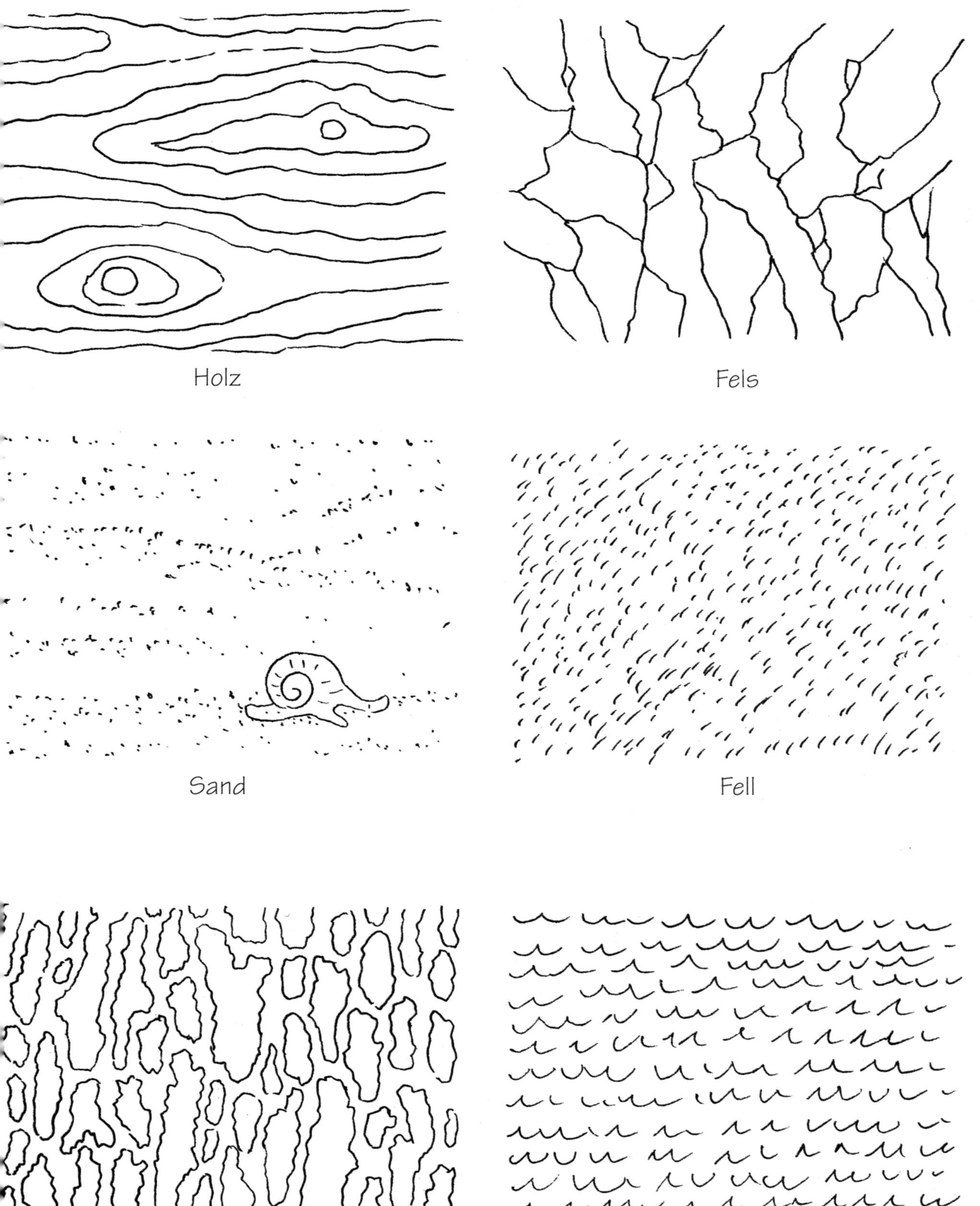

Baumrinde

Wasser

Drachen, Drachen, Drachen!

Jetzt kannst du schon Stachelschweine, Feuer- und Fressdrachen zeichnen – als Drachenkinder und als erwachsene Drachen! Mit dieser Grundlage gelingt es dir im Handumdrehen, auch andere Drachen zu zeichnen, wetten?
Dr. Blumenkohl ist einer der Lehrer der Drachenkinder. Er hat, für einen erwachsenen Drachen, einen recht großen Kopf und einen schlanken Körper. Weil er nicht mehr der Jüngste ist, hat er nur noch ein Büschel Haare oben auf dem Kopf und an den Seiten. Auf dem Rücken trägt er keine Zacken, sondern einen Kamm. Auf seiner Nase gibt es zwei Hörner: Zwischen den Hörnern sitzt seine kleine Nickelbrille. Hinter einem Ohr klemmt ein Bleistift.

Dr. Blumenkohl ist der Lehrer auf der Dracheninsel.

Während Dr. Blumenkohl für einen erwachsenen Drachen recht klein ist, ist der freundliche Knödel so groß, dass die drei Freunde auf seinem Rücken bequem reiten können. Sie reisen mit Knödel oft in ferne Länder! Normalerweise wohnt Knödel in einer Höhle, in der er viele wunderbare Dinge sammelt. Deswegen wird er oft Trödelknödel genannt. Er hat einen kleinen Kopf und einen langen Körper. Seine Schnauze ist lang, sehr lang – ein richtiger Rüssel! Auf seinem Kopf wachsen dichte, lange Haarbüschel. Auf der Nase trägt er eine Nickelbrille und an den Füßen gemütliche Badelatschen. Auf dem Rücken hat er einige Drachenzacken – aber längst nicht so spitz wie die von Oskar! Achte auf Knödels Flügel: Sie sehen etwas anders aus als die der Feuerdrachen.

Trödelknödel ist ein guter Freund von Kokosnuss, Matilda und Oskar.

Wie zeichnet man den Piraten Schlimmer Jim?

In den Kokosnuss-Abenteuern kommen außer den verschiedensten Drachen und Tieren immer wieder Menschen vor, zum Beispiel Piraten. Dem Piratenkapitän Schlimmer Jim sind Kokosnuss, Oskar und Matilda schon mehrfach begegnet.

Drachen- und Menschenkörper sind ziemlich unterschiedlich – doch auch den Schlimmen Jim wirst du ohne Probleme aufs Papier bringen können. Schau ihn dir zunächst gut an.

Der Pirat hat einen runden Kopf und einen dicken Bauch. Seine Arme und Beine sind stark ... jedenfalls, was davon übrig ist. Er hat eine Hakenhand und ein Holzbein. Im Gesicht trägt er eine riesige Hakennase und eine Augenklappe, am Ohrläppchen einen Ohrring. Unter dem Kopftuch schauen Haare heraus, darüber trägt einen eingerissenen Hut. Er ist unrasiert, hat eine lange Narbe vom Auge bis zum Kinn und fürchterlich ungeputzte Zähne.

Außerdem tragen Menschen Kleidung – sogar so ein ungewaschener Pirat wie der Schlimme Jim.

Da sind schon ziemlich viele Dinge zu beachten – aber auch das ist jetzt ein Klacks für dich, wenn du den einzelnen Schritten folgst:

Und hier steht der Schlimme Jim auf einer einsamen Insel mit Palme.

Fernrohr & Co. – das geht so!

Warum der Schlimme Jim auf einer einsamen Insel steht? Na ja, einsame Inseln spielen im Leben von Piraten eine wichtige Rolle. Dort finden sie wertvolle Schätze. Und dorthin verbannen sie ihre Feinde oder werden selbst ausgesetzt!
Genau wie mit einem Text kann man auch mit einem Bild eine Geschichte (weiter)erzählen oder ausschmücken. Deswegen sind auf einem Bild oft nicht nur Drachen, Tiere oder Menschen zu sehen, sondern auch Dinge, die die Helden der Geschichte brauchen und die in der Handlung vorkommen.

Das Fernrohr

Besonders wichtig für Schiffsreisen und Floßfahrten.

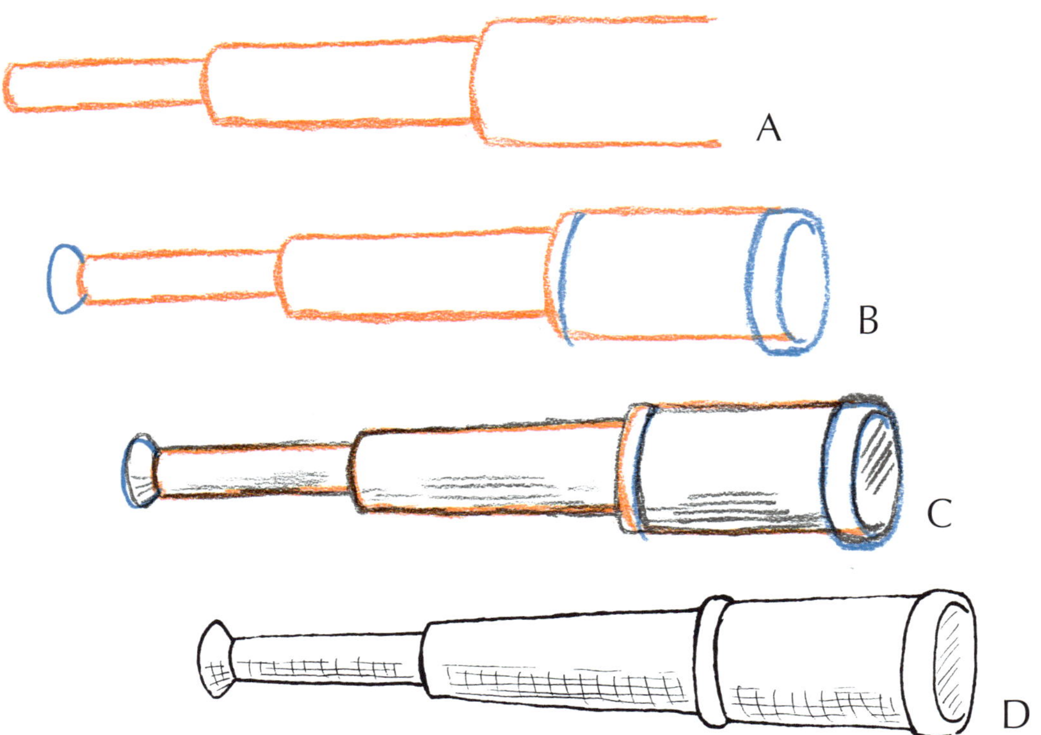

Das Täschchen

Darin werden Reiseproviant, Werkzeug oder Fundstücke aufbewahrt.

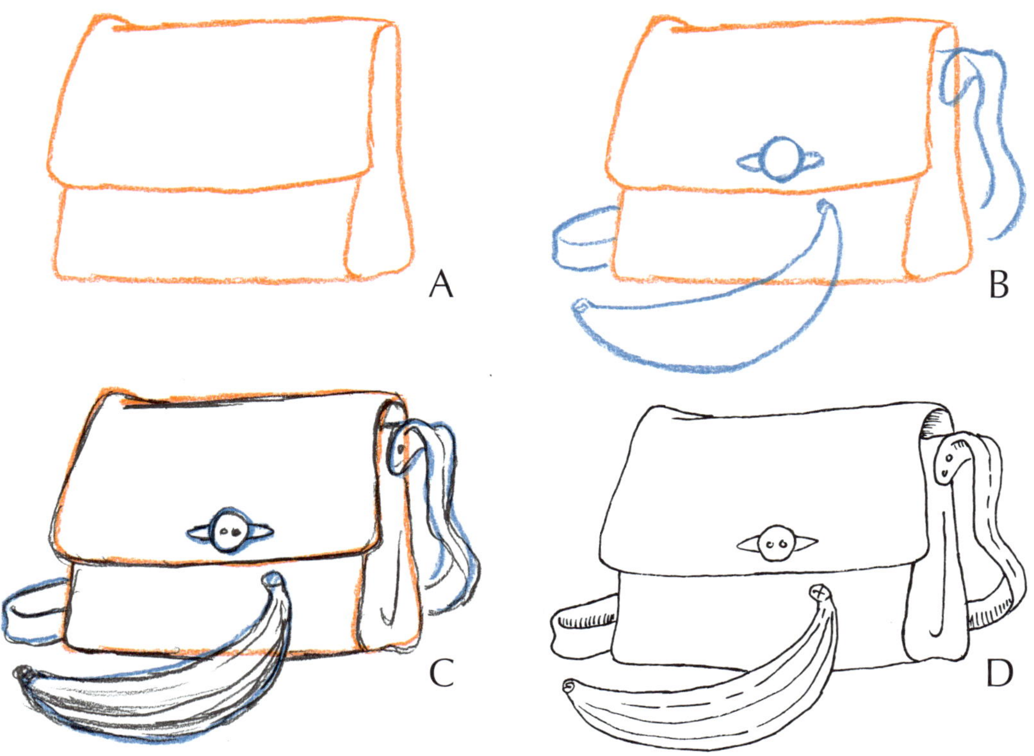

Das Lagerfeuer

Nach einem aufregenden Abenteuer gibt es nichts Schöneres, als mit Freunden am Lagerfeuer zu sitzen.

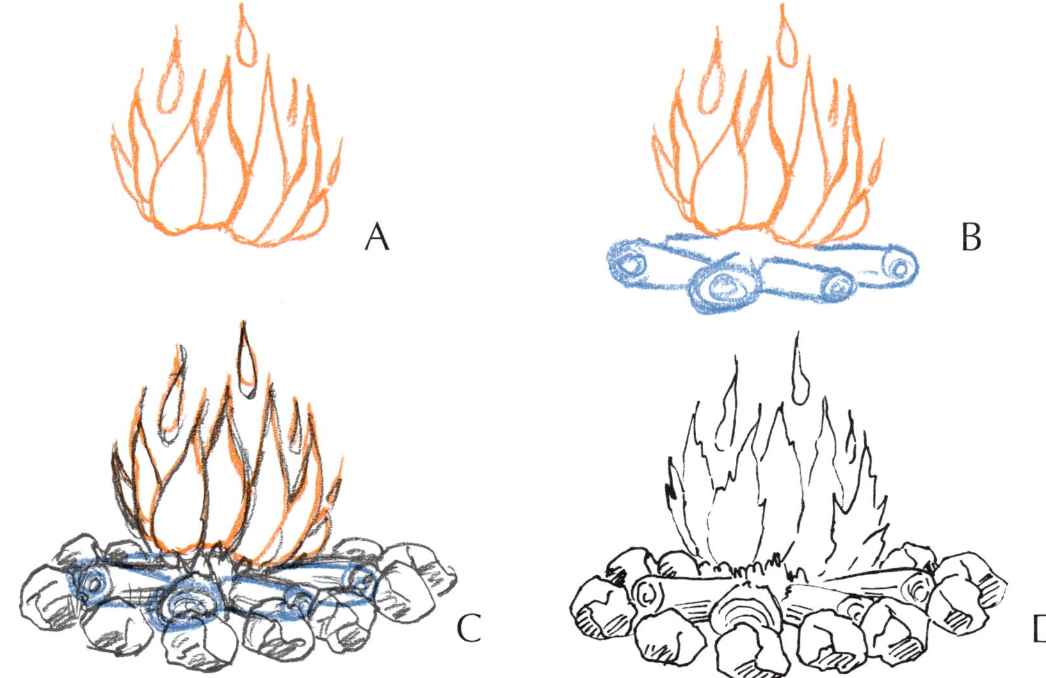

MALEN

Und jetzt bekommst du ein paar Tipps, wie du deine Zeichnungen mit verschiedenen Stiften oder Wasserfarben anmalen kannst. Wenn du deine Hilfslinien nicht auf deiner Zeichnung haben möchtest, kannst du sie ausradieren. Wenn du sie aber beibehalten möchtest, solltest du die Umrisslinien mit einem dünnen schwarzen Stift oder Tusche hervorheben (Fensterscheiben-Trick). Wenn eine Umrisslinie klar zu sehen ist, wird sie Kontur genannt.

Innerhalb der Umrisslinien kannst du Flächen farbig gestalten. Dazu benutzt du Buntstifte, Wasserfarben, Wachsmalkreiden oder beliebige andere Farben – jede Technik hat andere Besonderheiten und ergibt eigene Effekte.

Filzstifte

Mit dicken Filzstiften kannst du flächig und mit kräftigen Farben ausmalen: Die Oberfläche wirkt dann glatt, denn Filzstifte lassen die Papierstruktur verschwinden. Mit dünnen Filzstiften („Fineliner“) kann man dagegen sehr klare Linien malen, zum Beispiel, wenn du eine Struktur herausarbeiten möchtest.

Buntstifte

Mit Buntstiften malt man kleinere Flächen aus. Die Farbe wirkt eher zart. Oft ist auch die Papierstruktur zu sehen und die Art und Weise, wie du den Stift geführt hast. Die Oberfläche, die du so ausmalst, wird lebendig wirken. Zusätzlich kannst du Strukturen mit gespitzten Buntstiften einarbeiten: In ein hellbraunes Tierfell im Untergrund könnte man dünne dunkelbraune Fellsträhnen einarbeiten. Das Fell wirkt dann ganz echt.

Wachsmalkreiden

Wachsmalstifte haben einen leuchtenden, satten Farbton. Allerdings ist es schwierig, damit Feinheiten, zum Beispiel in einem Gesicht, zu malen, denn meist sind die Stifte recht dick.
Ein toller Effekt entsteht, wenn du Wachsmalstifte und Wasserfarben mischst: Dort, wo du mit der Wachskreide gemalt hast, haften die Wasserfarben nämlich nicht.

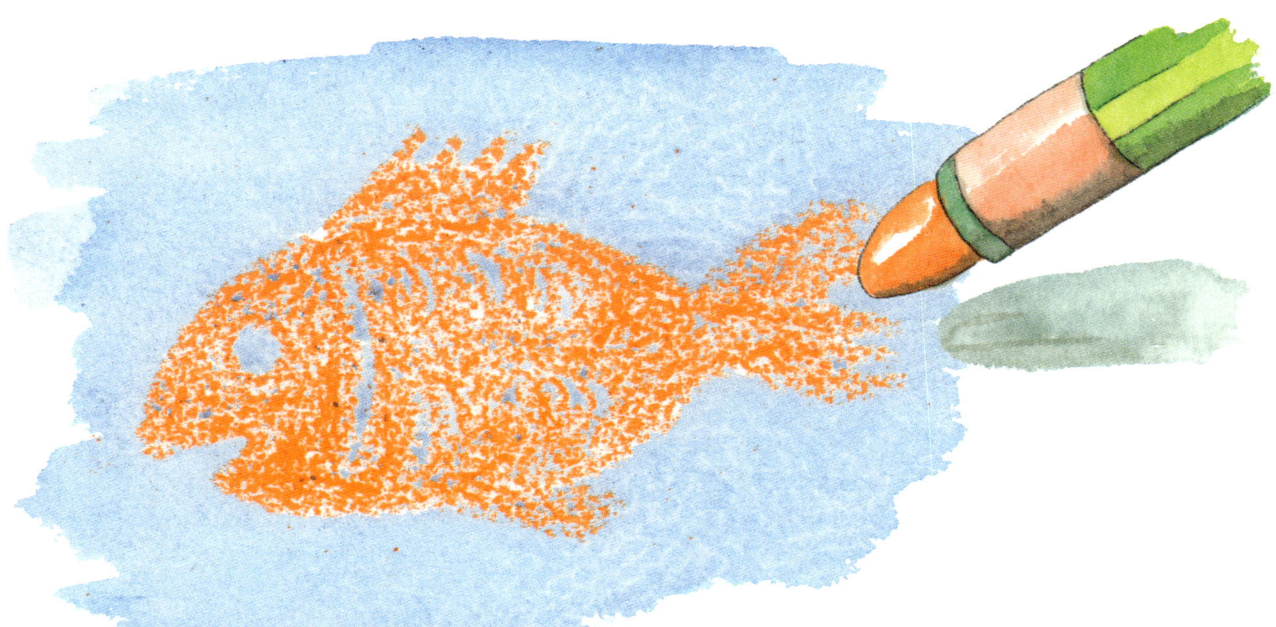

Wasserfarben

Wasserfarben kannst du mit wenig Wasser im Pinsel zu einer kräftigen Farbe anrühren. Wenn du sie mit viel Wasser anrührst, wirken sie auf dem Papier fast durchsichtig – ein toller Effekt, wenn du zum Beispiel einen Himmel malen möchtest.

Pass auf, dass du deinen Wasserbecher nie versehentlich mit der Hand oder Ellbogen umhaust. Stell ihn so hin, dass das nicht passieren kann.

Pinsel

Wasserfarben trägst du mit einem Pinsel auf das Papier auf. Es gibt dünne und dicke Pinsel, Pinsel mit weichen Haaren und mit harten Borsten. Aber welcher Pinsel ist der richtige?

Mit einem dünnen, harten Pinsel malst du feine schwungvolle Linien.

Mit einem breiten, harten Pinsel malst du größere Flächen.

Mit einem dicken, weichen Pinsel malst du leicht wirkende Flächen, zum Beispiel Himmel oder Baumkronen.

Papier

Du weißt bereits, dass man auf ganz glattem Papier nicht gut malen kann. Je größer die „Poren" des Papiers sind, umso besser geht es. Trotzdem musst du kein teures Aquarellpapier aus dem Bastelladen kaufen. Für deine ersten schönen Bilder mit verschiedenen Stiften und Farben genügen die Blätter aus deinem Zeichenblock. Nimmst du dünneres Papier, könnte es sich, wenn du mit Wasserfarben malst, nach dem Trocknen wellen. Manchmal ist es klug, vorher auszuprobieren, ob Farben, Pinsel und Papier, die du ausgewählt hast, zusammenpassen. Wenn du dir ein kleines „Material-Muster" machst, siehst du, ob du das Ergebnis bekommst, das du dir vorgestellt hast.

Tipps und Tricks beim Ausmalen

Jetzt weißt du alles über die verschiedenen Maltechniken – und bestimmt hast du dir schon die Farben zurechtgelegt, mit denen du deine Zeichnung ausmalen möchtest.
Deine Skizze ist fertig. Die Umrisslinien hast du mit einem dünnen Stift nachgezeichnet, sodass du eine klare Kontur siehst. Das Kunststück besteht nun darin, innerhalb der Kontur zu malen – ohne über die Linie zu malen! Hilfe, wie macht man das? Keine Bange, auch dafür gibt es Profi-Tipps! Und schon ist Ausmalen ein Kinderspiel!

Tipp Nummer 1:
Schau genau hin und arbeite langsam! Lass dir beim Ausmalen Zeit! Wenn dich die Geduld verlässt, lege Stift oder Pinsel lieber weg. Atme ein paar Mal durch, hüpfe durch dein Zimmer – oder mach eine Pause oder male erst am nächsten Tag weiter. Malst du zu schnell und zu ungenau, geht leicht etwas daneben. Und wer hetzt dich eigentlich?

Tipp Nummer 2:
Wenn du mit der rechten Hand malst, zeigt die Spitze deines Stifts oder Pinsels immer nach links – zur Linie! Wenn du mit der linken Hand malst, ist es umgekehrt: Die Spitze zeigt nach rechts zur Linie!
Ganz wichtig ist, dass du dabei das Papier vor dir immer so drehst, dass du die Linie gut siehst und dich selbst und deine Hand nicht verrenken musst. Das Drehen des Papiers ist das Geheimnis der Profis!

Tipp Nummer 3:

Niemals den Pinsel im Wasserbecher stehen lassen, sonst verformt sich die Pinselspitze und wird krumm. Außerdem quillt das Holz des Stiels und löst sich von der Blechhülse (Zwinge).

Wenn beim Ausmalen etwas nicht klappt, kannst du auch ein ganz anderes Bild daraus machen.

Mein Bild – ein Zusammenspiel aus vielen Dingen

Jetzt hast du schon eine Menge übers Zeichnen und Malen gelernt. Du kannst verschiedene Drachen, Menschen und Gegenstände zeichnen und farbig ausmalen. Aber wie „komponiert" man ein ganzes Bild? Dafür musst du dir einige Dinge überlegen und Entscheidungen treffen: Was genau will ich auf dem Bild zeigen? Und wie baue ich das Bild auf? Das heißt: Du brauchst einen Plan!

Damit dein Bild „echt" wirkt, muss es Tiefe vermitteln – es soll also Dinge zeigen, die vorne sind, und andere, die sich hinten befinden. Ein Bild wird meist in drei Ebenen aufgeteilt: in Vordergrund (rot), Mittelgrund (schwarz) und Hintergrund (blau).

Im Mittelgrund liegt das Zentrum deines Bildes, also die Szene, die dir wichtig ist.

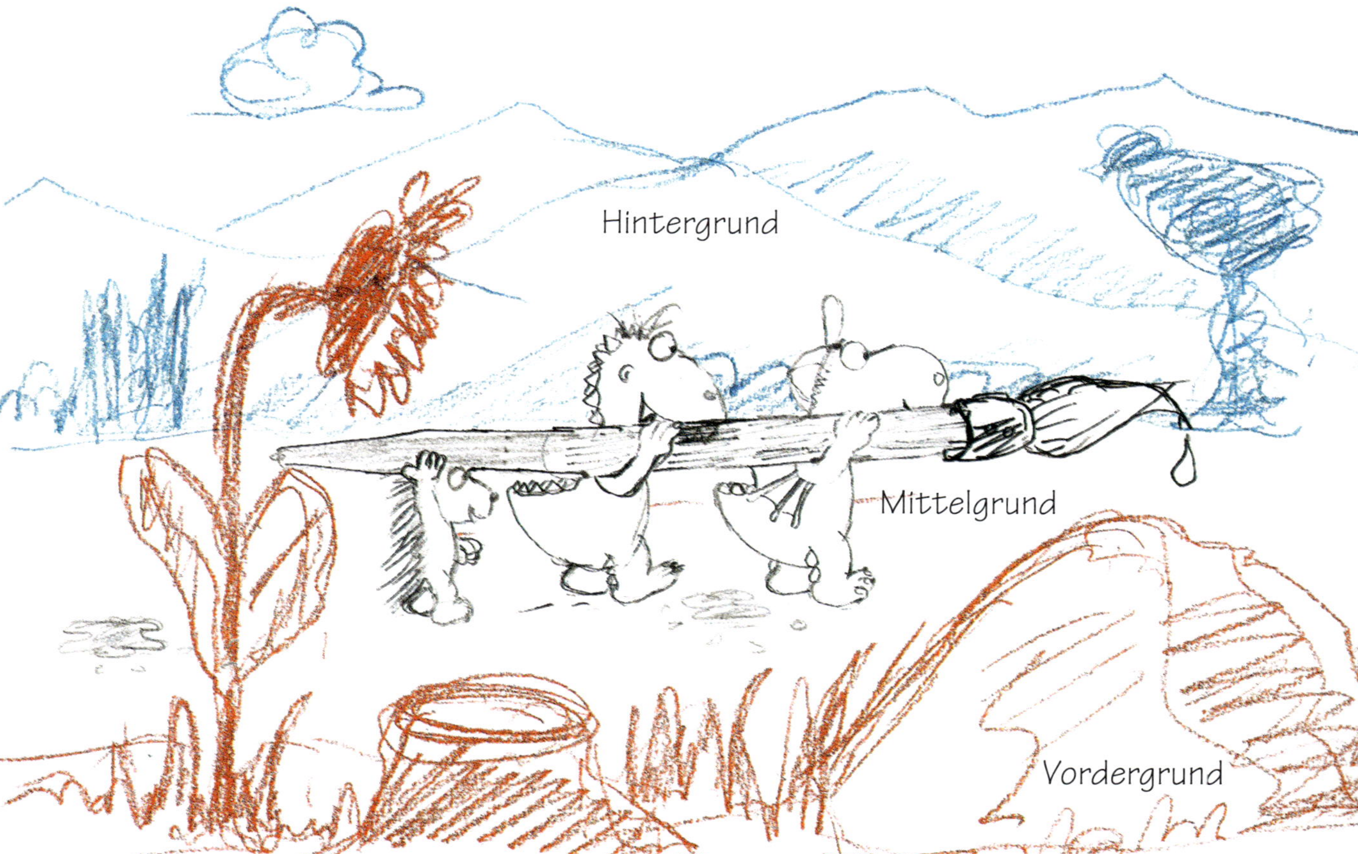

Du überlegst dir also, was dein Bild erzählen soll. Beginne dann mit deiner Skizze. Zeichne mit Bleistift die wichtigste Szene.
Stell dir vor, du willst folgendes Bild malen: Kokosnuss und Oskar wandern als Forscher durch den Dschungel. Deswegen malst du in den Mittelgrund: Kokosnuss und Oskar laufen über den Dschungelboden.

In den Vordergrund malst du dann Dinge, die die Hauptszene nicht verdecken, sondern ausschmücken. Du zeigst also, wie die Freunde im Dschungel unterwegs sind und wie vor Kokosnuss und Oskar und um sie herum niedrige Büsche, Pflanzen und Blumen wachsen. Um das Bild lebendiger zu machen, sitzt hinter einem der Büsche vielleicht ein Tiger, der die beiden Drachenjungen beobachtet. Von Bäumen, die auf beiden Seiten wachsen und deine Szene einrahmen, könnten Lianen und Schlangen herunterhängen.

Im Hintergrund sind Bäume zu sehen. Da sie sich ja weiter weg befinden, sind sie nicht mehr so genau zu sehen. Du könntest sie also verschwommener zeichnen.
Der Vordergrund und der Hintergrund verleihen deinem Bild nicht nur Tiefe, sondern auch eine bestimmte Stimmung, also Atmosphäre.
Überlege dir beim Ausmalen: Wie fühlen sich Kokosnuss und Oskar im Dschungel? Haben sie gute Laune und freuen sie sich auf ihr Abenteuer? Dann male mit hellen Farben einen sonnigen, schönen Tag: Die Blätter der Bäume sind grün und durch die Äste fallen Sonnenstrahlen. Sofort wirkt dein Bild leicht und fröhlich. Betrachte das linke Bild auf der nächsten Seite.
Fürchten sich die beiden jedoch vor einem gefährlichen Abenteuer, legst du Vorder- und Hintergrund mit dunklen Farben an. Sofort wird dein Wald finster und bedrohlich wirken! Das siehst du auf der nächsten Doppelseite rechts.

Genauso machst du es auch mit anderen Szenen, zum Beispiel einem Himmel oder einem Meer: Ist der Himmel blau und das Meer ruhig, vermittelt dein Bild Freude und Spaß.
Malst du den Himmel dunkel, mit Wolken und vielleicht sogar Blitzen, und das Meer grau mit hohen Wellen, wirkt dein Bild wild und abenteuerlich, vielleicht sogar gefährlich.

Ist es nicht toll, was du alles mit einem Bild ausdrücken kannst? Anhand von Gegenständen erzählst du, was deine Figuren gerade machen. Mithilfe des Vorder- und Hintergrunds erzählst du, wo deine Szene spielt und wie sich deine Figuren fühlen! Durch Tiefe wirkt dein Bild lebendig. Durch Strukturen wirken die Figuren und Gegenstände sofort so, als könnte man sie anfassen und fühlen. Und das alles zauberst du mit Bleistift und Farben!

So malst du ein Bild aus!

Wie du innerhalb einer Kontur ausmalst, hast du schon gelernt. Doch wie malst du das „Drumherum“, also alles in deinem Bild, das keine Konturen hat? Vor allem im Hintergrund, der ja eher verschwommen wirken soll, gibt es kaum Linien und Konturen. Hier schaffst du nur mit Farbflächen den Eindruck, dass deine Szene nach hinten weitergeht.
Tipp vom Profi: Beginne beim Ausmalen mit den hellen Farben! Warum? Ganz einfach: Helle Flächen kannst du, wenn du mit etwas auf deinem Bild unzufrieden bist, leicht mit dunkleren Farben übermalen. Umgekehrt ist das fast unmöglich!
Einen hellen Sommerhimmel zum Beispiel malst du als Hintergrund flächig über die obere Hälfte des Blattes. Du kannst dann trotzdem mit dunkleren Farben darüber malen, wenn du vielleicht Vögel einzeichnen möchtest. Auch den Mittelgrund kannst du mit dunkleren Farben über die helle Himmelsfläche malen: Die dunklen Farben überdecken ja das helle Blau. So wirkt es später, als würde deine Szene „nahtlos“ vor dem blauen Hintergrund stehen.

Übrigens: Sollen über deinen blauen Himmel weiße Wolken ziehen, lass an einigen Stellen einfach weiße, wolkenförmige Flecken. Schau mal zum Fenster raus: Wolken haben keine dunklen Konturen!

A

B

C

BASTELN

Ein fertiges Bild kannst du an die Wand hängen und anschauen – oder du bastelst etwas und verwendest dafür deine Zeichnungen! Basteln macht Spaß, denn dabei entstehen aus verschiedenen Materialien Dinge, mit denen du sogar spielen kannst.

Du kannst nach einer Anleitung basteln – oder dir selbst etwas überlegen. Tolle Bastelmaterialien gibt es im Papierwaren- oder Bastelladen. Aber du kannst auch Sachen verwenden, die deine Eltern vielleicht wegwerfen würden, wie leere Seifenschachteln oder Flaschen. Die lassen sich prima weiterverwenden.

Zum Basteln brauchst du meist diese Dinge:

- Tonpapier, Pappe, Papier
- Klebstoff, Klebstift, Klebeband
- Schere, Gummiband, Kordel, Nähgarn
- Holzleisten
- … und im Grunde genommen alles, was du findest…

KLEEBÄR

Wie bastelt man eine Piraten-Maske?

Einmal aussehen wie der Schlimme Jim? Dann bastle dir doch eine tolle Piraten-Maske, auf die du das Gesicht vom Schlimmen Jim malst.

Für eine Piraten-Maske brauchst du:

- weißen Karton in der Größe eines DIN-A4-Blattes
- Buntstifte oder Wasserfarben
- Schere
- Gummiband

1. Zeichne das Piraten-Gesicht auf den Karton. Nutze die volle Größe des Kartons aus!
2. Male das Piraten-Gesicht bunt an. Augenklappe und Stoppelbart nicht vergessen!
3. Schneide die Maske aus.
4. Bohre vorsichtig zwei Augenlöcher hinein, die auf Höhe deiner Augen sitzen. Dann schneide die Augenlöcher etwas größer, damit du durchgucken kannst. Lass dir dabei von einem Erwachsenen helfen.
5. Bohre vorsichtig am Maskenrand links und rechts mit der Spitze der Schere zwei kleine Löcher in die Maske. Fädele hier den Gummi durch und knote ihn fest. FERTIG!
6. Jetzt kannst du die Maske aufsetzen und in die Rolle des Schlimmen Jim schlüpfen!

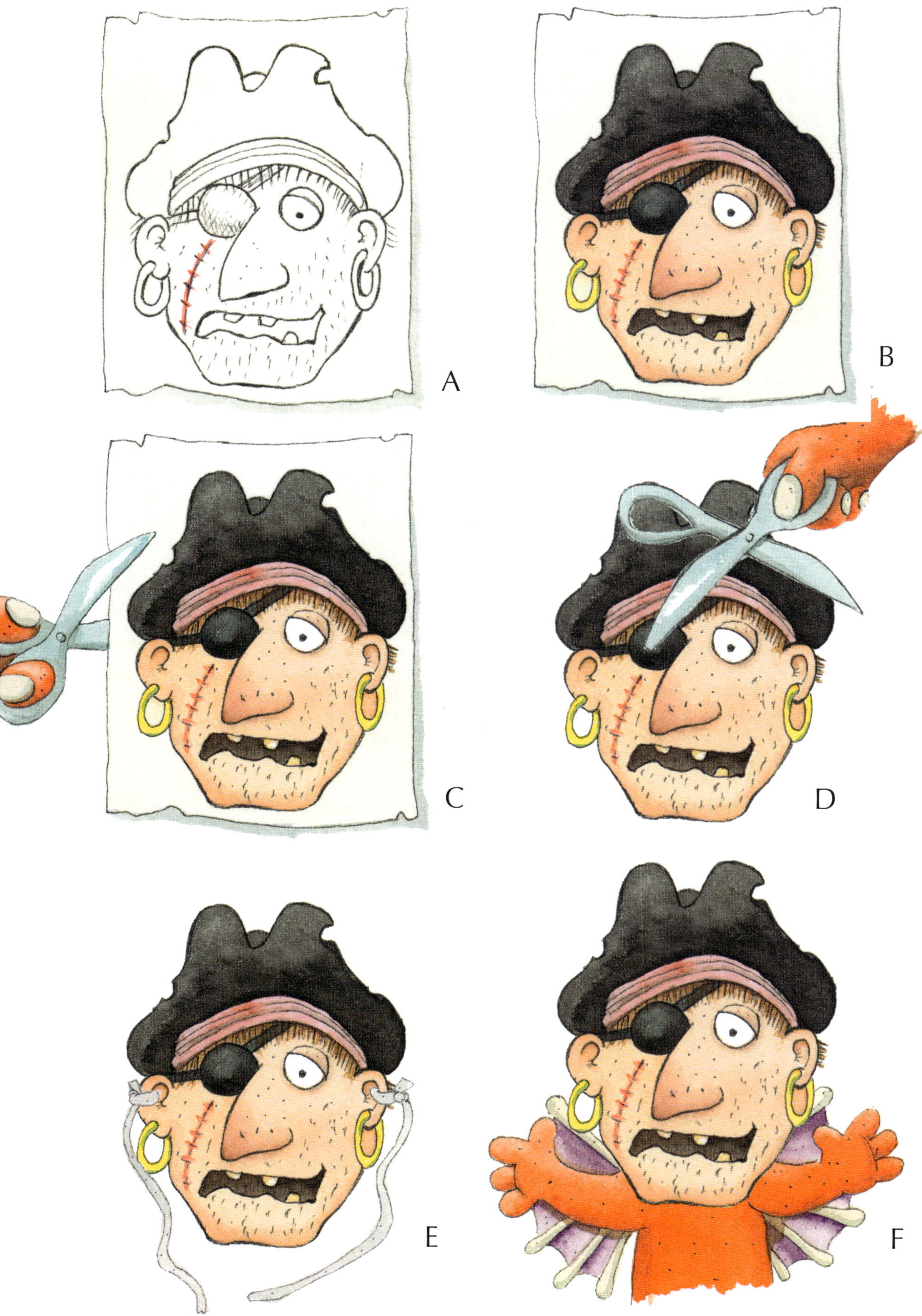

A
B
C
D
E
F

Immer in Bewegung: Dein Bilder-Mobile!

Du hast viele tolle kleine Bilder und Szenen gemalt und weißt nicht, wohin damit? Klebe sie auf runde Kartonscheiben und bastle ein Mobile daraus!

Für ein Mobile brauchst du:

- 2 dünne Holzstäbe, je ca. 35 cm lang
- dünne Schnur oder weißes Nähgarn
- Bastelkarton
- Zirkel
- Kleber
- Schere
- 10 kleine Bilder mit einem Durchmesser von ca. 10 cm

1. Markiere auf beiden Holzstäben jeweils die Mitte. An diesen Punkten legst du die Holzstäbe über Kreuz aufeinander und bindest sie kreuzweise mit Schnur zusammen. Wenn du dafür Hilfe brauchst, bitte jemanden aus deiner Familie, dir zu helfen.
2. Lass nach oben und nach unten über dem Kreuz jeweils etwa 30 cm Schnur übrig: An dem oberen Ende kannst du später dein Mobile an der Decke aufhängen. An das untere Ende und die Stab-Enden wirst du in Schritt 5 deine Bildchen hängen!
3. Zeichne mit dem Zirkel 10 Kreise mit einem Durchmesser von 10 cm auf einen Karton. Dafür müssen die Nadel und der Bleistift des Zirkels einen Abstand von 5 cm voneinander haben. Stich mit der Nadel des Zirkels in den Karton und lass den Bleistift kreisen. Schneide anschließend die Pappscheiben aus.
4. Klebe auf jede Scheibe ein kleines Bild, das du von Kokosnuss, Oskar und Matilda gemalt hast. Schneide überstehende Ecken ab.

5. Jetzt klebst du zwei Pappscheiben mit dem Rücken aneinander. Lege dabei immer ein etwa 30 cm langes Stück Schnur zwischen die beiden Kreise. Die letzten beiden Kreise klebst du direkt an das Stück Schnur, das von dem Holzkreuz herunterhängt.

6. Knote nun die vier anderen Anhänger an die vier Enden der Holzstäbe. Achte darauf, dass das Mobile ausbalanciert ist. Hol dir Hilfe von einem Erwachsenen, wenn du sie brauchst. FERTIG!

Tipp:

Natürlich kannst du auf die Rückseite der Kokosnuss-Bilder Fotos von deiner Familie kleben und an dein Mobile hängen.

Ganz schön abgedreht: Bastle einen Dreher!

Weißt du, was ein Dreher ist? Das sind zwei unterschiedliche Bilder auf der Vorder- und Rückseite einer Pappscheibe. Aber wenn man sie ganz schnell dreht, lässt sich das Auge täuschen und sieht nicht zwei Bilder, sondern nur eins! Probiere es aus!

Für einen Dreher brauchst du:

- weißen Karton
- Zirkel
- Bleistift, Buntstifte oder Wasserfarben
- Schere
- Kleber
- eventuell Büro- oder Wäscheklammern
- Faden/dünne Schnur

1. Überlege dir ein Motiv! Zum Beispiel: Kokosnuss steht unter einer Wolke im Regen.
2. Zeichne mit einem Zirkel zwei gleich große Kreise (Durchmesser 8 cm) auf den weißen Karton.
3. Schneide beide Pappkreise aus. Male auf den einen Kreis unten Kokosnuss und auf den anderen Kreis oben eine Wolke und darunter Regentropfen.
4. Lege nun die eine Scheibe auf das aufgemalte Bild und bestreiche die Rückseite der Scheibe mit Kleber. Lege genau in die Mitte eine dünne Schnur, sodass sie auf beiden Seiten 10 cm drüberhängt. Lege nun den zweiten Pappkreis auf die Konstruktion und klebe ihn fest.

5. Drücke die beiden Pappscheiben mit der dünnen Schnur in der Mitte vorsichtig zusammen. Wenn es dir zu lang dauert, bis der Kleber trocken ist, kannst du sie auch mit Büro- oder Wäscheklammern zusammenhalten.

6. Ist der Kleber trocken, kannst du losdrehen! Drehe die Schnur wie eine Kordel auf. Wenn die Schnur sich dann wieder zurückdrehen will, dreht sich deine Scheibe, und beide Bilder verschmelzen zu einem Bild. Übe ein bisschen, dann hast du schnell den richtigen „Dreh“ raus.

Mach eine Wette daraus! Gehe zu deinen Eltern, zeige ihnen eine Seite deines Drehers und frage sie: „Was siehst du?“ Bestimmt sagen sie: „Kokosnuss!“ (wenn du ihnen die Seite mit Kokosnuss zeigst). Jetzt drehst du los und – Simsalabim – sehen deine Eltern Kokosnuss im Regen!

Wie ein Mini-Film!
So bastelst du ein Daumenkino

Bei einem Daumenkino kommt Bewegung in deine Zeichnung: Auf 12 bis 16 kleine Blätter malst du eine Szene, die sich auf jedem Bild minimal verändert. Wenn du die Bilder in ein Heft oder auf einen kleinen Block malst und schnell durchblätterst, entsteht der Eindruck, als würde das Bild „laufen". Mach dich gleich ans Werk!

Für ein Daumenkino brauchst du:

- 12 bis 16 kleine Zettel, ca. 5 x 9 cm, aber etwas größer ist auch in Ordnung, z.B. von einem Notizblock (das Papier sollte nicht zu dick sein, damit es sich gut blättern lässt)
- Bleistift, Radiergummi
- Farben
- Kleber, Klebefilm und/oder Tacker

1. Denke dir eine kleine „Filmszene" aus! Zum Beispiel: Kokosnuss schlüpft aus dem Ei.
2. Zeichne nun Szene für Szene: Das Ei liegt am Strand! Von einem Bild zum nächsten bekommt das Ei mehr Risse. Schließlich bricht ein Stück aus der Schale, dann steckt Kokosnuss seine Schnauze ein wenig aus dem Ei. Und dann steht Kokosnuss da. Die Eierschalen liegen um ihn verstreut auf dem Boden! Wichtig ist, dass dein Ei auf jedem Zettel an der gleichen Stelle steht und genauso groß ist wie vorher. Hilfreich kann sein, das Ei von einem Zettel zum nächsten abzupausen. Steht das Ei nämlich nicht immer an derselben Stelle, sieht es später so aus, als würde es „hüpfen".

Die erste Szene malst du auf dem untersten Blatt. Die letzte Szene liegt oben auf dem Stapel. Dann tackerst du die Blätter an der rechten Seite mit einem Tacker fest.

3. Wenn deine Zeichnungen zusammengetackert sind, kann dein „Film“ beginnen: Nimm dein Kino in die Hand und lass die Seiten von hinten nach vorne zwischen dem Daumen und Zeigefinger der rechten Hand laufen. Wenn du mit der linken Hand blättern möchtest, musst du den Stapel an der linken Seite festtackern. Wie gefällt dir dein Film? Wenn du Lust auf mehr hast, kannst du dir noch weitere Szenen ausdenken, die du mit einem Daumenkino zum Leben erweckst!

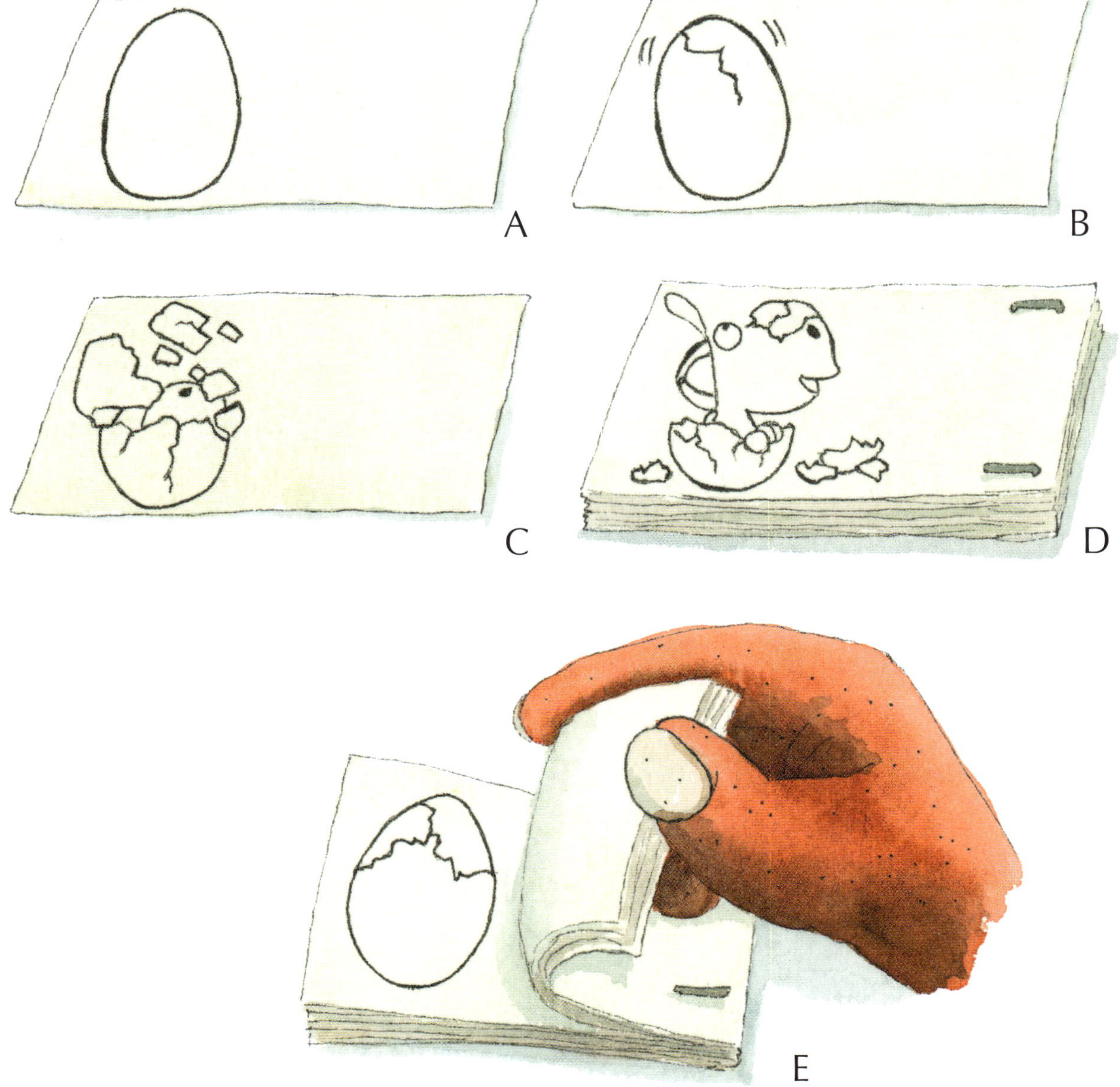

Einfach riesig: Dein Kokosnuss-Plakat!

Du hast ein tolles Bild von Kokosnuss gemalt – aber leider ist es ein bisschen zu klein, um es als Poster in deinem Zimmer aufzuhängen. Kein Problem! So vergrößerst du dein Kokosnuss-Bild!

Für dein Kokosnuss-Plakat brauchst du:

- ein kleines Kokosnuss-Bild
- ein DIN-A3-großes Blatt Papier (Zeichenblock)
- Bleistift, Radiergummi, Fineliner, Farben
- Lineal oder, noch besser: Geodreieck

1. Lege das Kokosnussbild, das du vergrößern willst, vor dich hin. Zeichne mit Bleistift ein Gitternetz mit 1 x 1 cm großen Kästchen darüber. Das geht am einfachsten mit einem Geodreieck: Auf dem Geodreieck sind Linien eingezeichnet. Ziehe am unteren Rand deiner Zeichnung die erste Linie. Lege dann das Geodreieck an dieser Bleistift-Linie an und zeichne im Abstand von 1 cm die nächste Linie. So machst du weiter, bis du über dein ganzes Bild Querlinien in einem Abstand von 1 cm gezeichnet hast. Drehe dein Bild nun um und verfahre genauso längsseitig: Zeichne Linien, die die anderen Linien kreuzen, mit einem Abstand von 1 cm zueinander. Auf deinem Bild entsteht so ein Raster aus lauter 1 x 1 cm großen Kästchen.
2. Du kannst auch „andersrum“ verfahren und dein Kokosnuss-Bild gleich auf ein Papier mit Rechenkästchen malen: Immer zwei kleine Kästchen sind 1 cm!
3. Nimm nun deinen großen Zeichenblock zur Hand. Auch hier zeichnest du mit feinen Bleistift-Linien ein Raster ein, allerdings eins mit

viel größeren Kästchen: Wähle einen Abstand von immer 5 cm zwischen den Längs- und Querlinien, um dein Kokosnuss-Bild 5-fach zu vergrößern.

4. Nun musst du genau schauen und exakt übertragen: Was ist im ersten kleinen Kästchen auf der kleinen Zeichnung zu sehen? Wie verlaufen die Linien? Übertrage sie auf das erste Kästchen auf deinem Plakat!
5. Verfahre so mit allen Kästchen: Übertrage alle Linien aus dem kleinen Raster auf das große Raster.
6. Anschließend fährst du die Konturen mit einem feinen schwarzen Stift (Fineliner) nach. Jetzt kannst du das Raster wegradieren – und der fünfmal größere Kokosnuss lacht dich von deinem Plakat an! Male ihn schön bunt aus und hänge dein tolles Plakat in deinem Zimmer auf!

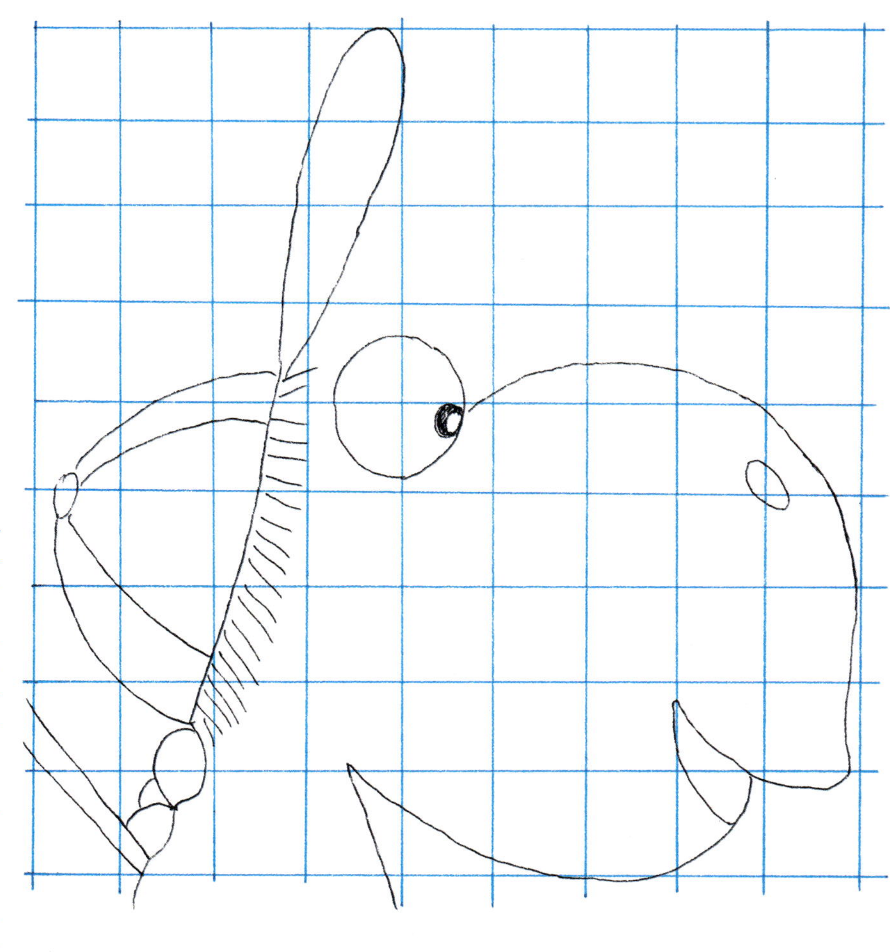

Bei diesem Buch wurden die durch das verwendete Material
und die Produktion entstandenen CO_2-Emissionen ausgeglichen,
indem der cbj-Verlag ein Projekt zur Aufforstung in Brasilien unterstützt.
Weitere Informationen zu dem Projekt unter:
www.ClimatePartner.com/14044-1912-1001

Penguin Random House
Verlagsgruppe FSC® N001967

Sollte diese Publikation Links auf Webseiten Dritter enthalten,
so übernehmen wir für deren Inhalte keine Haftung, da wir
uns diese nicht zu eigen machen, sondern lediglich auf deren
Stand zum Zeitpunkt der Veröffentlichung verweisen.

1. Auflage 2020

In der Penguin Random House Verlagsgruppe GmbH,
Neumarkter Str. 28, 81673 München

„Der kleine Drache Kokosnuss“ ist eine Figur von Ingo Siegner.
Artwork und Design: Alfred Dieler, Darmstadt
Texte: Anna Taube, Bad Rodach
Lektorat: Hjördis Fremgen
Umschlaggestaltung: Sebastian Maiwind
hf · Herstellung: IH
Satz und Reproduktion: Lorenz & Zeller, Inning a.A.
Druck: DZS Grafik d.o.o., Ljubljana
ISBN 978-3-570-17789-1
Printed in Slovenia

www.cbj-verlag.de
www.drache-kokosnuss.de
www.youtube.com/drachekokosnuss